# POÈMES DIVERS

Jules Verne

# CONNAISSEZ-VOUS MON ANDALOUSE ?

# Poésie et Poème

Connaissez-vous mon Andalouse,

Plus belle que les plus beaux jours,

Folle amante, plus folle épouse,

Dans ses amours, toute jalouse,

Toute lascive en ses amours !

Vrai dieu ! de ce que j'ai dans l'âme,

Eussé-je l'enfer sous mes pas,

Car un mot d'amour de ma dame

A seul allumé cette flamme,

Mon âme ne se plaindra pas !

C'est que ma belle amante est belle,

Lorsqu'elle se mire en mes yeux !

L'étoile ne luit pas tant qu'elle,

Et quand sa douce voix m'appelle,

Je crois qu'on m'appelle des Cieux !

C'est que sa taille souple et fine

Ondule en tendre mouvement,

Et parfois de si fière mine,

Que sa tête qui me fascine

Eblouit comme un diamant !

C'est que la belle créature

Déroule les flots ondoyants

D'une si noire chevelure

Qu'on la couvre, je vous jure,

De baisers tout impatients !

C'est que son oeil sous sa paupière

Lance un rayon voluptueux,

Qui fait bouillir en mon artère,

Tout ce que Vénus de Cythère

Dans son sein attise de feux !

C'est que sur ses lèvres de rose

Le sourire de nuit, de jour

Brille comme une fleur éclose

Et quand sur mon coeur il se pose,

Il le fait palpiter d'amour !

C'est que lorsqu'elle m'abandonne

Sa blanche main pour la baiser,

Que le ciel se déchaîne et tonne,

Que m'importe, - Dieu me pardonne,

Il ne peut autant m'embraser !

C'est que sa bouche bien-aimée

Laisse tomber comme une fleur

Douce haleine parfumée,

Et que son haleine embaumée

Rendrait aux roses leur couleur !

C'est que sa profonde pensée

Vient se peindre en son beau regard,

Et que son âme est caressée,

Comme la douce fiancée

Quand l'amant vient le soir bien tard !

Allons l'amour, les chants, l'ivresse !

Il faut jouir de la beauté !

Amie ! oh que je te caresse !

Que je te rende, ô ma maîtresse,

Palpitante de volupté !

Oh ! viens ! viens toute frémissante,

Qu'importe qu'il faille mourir,

Si je te vois toute expirante

Sous mes baisers, ma belle amante,

Si nous mourons dans le plaisir !

# J'AIME CES DOUX OISEAUX...

# Poésie et Poème

J'aime ces doux oiseaux, qui promènent dans l'air

Leur vie et leur amour, et plus prompts que l'éclair,

Qui s'envolent ensemble !

J'aime la fleur des champs, que l'on cueille au matin,

Et que le soir, au bal, on pose sur son sein

Qui d'enivrement tremble !

J'aime les tourbillons des danses, des plaisirs,

Les fêtes, la toilette, et les tendres désirs

Qui s'éveillent dans l'âme !

J'aime l'ange gardien qui dirige mes pas,

Qui me presse la main, et me donne tout bas

Pour les maux un dictame !

J'aime du triste saule, au soir muet du jour,

La tête chaude encor, pleine d'ombre et d'amour,

Qui se penche et qui pense !

J'aime la main de Dieu, laissant sur notre coeur

Tomber en souriant cette amoureuse fleur

Qu'on nomme l'espérance !

J'aime le doux orchestre, en larmes, gémissant

Qui verse sur mon âme un langoureux accent,

Une triste harmonie !

J'aime seule écouter le langage des cieux

Qui parlent à la terre, et l'emplissent de feux

De soleil et de vie.

J'aime aux bords de la mer, regardant le ciel bleu,

Qui renferme en son sein la puissance de Dieu,

M'asseoir toute pensive !

J'aime à suivre parfois en des rêves dorés

Mon âme qui va perdre en des flots azurés

Sa pensée inactive !

J'aime l'effort secret du coeur, qui doucement

S'agite, la pensée au doux tressaillement,

Que l'on sent en soi-même !

Mieux que l'arbre, l'oiseau, la fleur qui plaît aux yeux,

Le saule tout en pleurs, l'espérance des Cieux...

J'aime celui qui m'aime.

# LA CLOCHE DU SOIR

# Poésie et Poème

## Sonnet

La barque s'enfuyait sur l'onde fugitive ;

La nuit se prolongeant comme un paisible soir

A la lune du ciel pâle, méditative,

Prêtait un doux abri dans son vêtement noir ;

Dans le lointain brumeux une cloche plaintive

Soupire un son pieux au clocher du manoir ;

Le saint bruit vient passer à l'oreille attentive,

Comme une ombre que l'oeil croit parfois entrevoir ;

A la pieuse voix la nacelle docile

Sur l'onde qui frémit s'arrête, puis vacille,

Et sur le flot dormant, sans l'éveiller, s'endort ;

Le nautonnier ému d'une main rude et digne

Courbe son front ridé, dévotement se signe...

Et la barque reprend sa marche vers le port.

# HÉSITATION

# Poésie et Poème

A une jeune personne à la noble tournure,

aux yeux grands et noirs.

Celle que j'aime a de grands yeux

Sous de brunes prunelles ;

Celle que j'aime sous les cieux

Est la belle des belles.

Elle dore, embellit mes jours,

Oh ! si j'étais à même,

Mon Dieu, je voudrais voir toujours

Celle que j'aime.

Celle que j'aime est douce à voir,

Il est doux de l'entendre ;

Sa vue au coeur fixe l'espoir

Que sa voix fait comprendre.

Son amour sera-t-il pour moi,

Pour moi seul, pour moi-même ?

Si j'aime, c'est que je la vois

Celle que j'aime.

Auprès d'elle, hélas ! je ressens

Une émotion douce ;

Absente, vers elle en mes sens

Quelque chose me pousse.

Pour moi dans le fond de son coeur

S'il en était de même ?

Aurait-elle un regard trompeur,

Celle que j'aime ?

Celle que j'aime, hélas ! hélas !

A son tour m'aime-t-elle ?

Je ne sais ; je ne lui dis pas

Que son oeil étincelle.

Est-ce pour moi qu'il brille ainsi ?

Félicité suprême !...

Ailleurs l'enflamme-t-elle aussi,

Celle que j'aime ?

Si trompant ma naïveté

Par son hypocrisie,

Elle se sert de sa beauté

Pour me briser ma vie !

Son coeur peut-il être si noir ?

Oh ! non ; c'est un blasphème !

Un blasphème !... il ne faut que voir

Celle que j'aime.

Non, non, amour, amour à nous

Car en te faisant femme,

Dieu, je lui rends grâce à genoux,

Te donna de mon âme.

Accours ! je m'attache à tes pas

Dans mon ardeur extrême...

Peut-être, elle ne m'aime pas,

Celle que j'aime.

# LA FILLE DE L'AIR

# Poésie et Poème

A Herminie.

Je suis blonde et charmante,

Ailée et transparente,

Sylphe, follet léger, je suis fille de l'air,

Que puis-je avoir à craindre ?

Une nuit de m'éteindre ?

Qu'importe de mourir comme meurt un éclair !

Je vole sur la nue ;

Aux mortels inconnue,

Je dispute en riant la vitesse aux zéphirs !

Il n'est point de tempête

Qui pende sur ma tête ;

Je plane, et n'entends plus des trop lointains soupirs.

Je vais où va l'aurore ;

On me retrouve encore

Aux mers où tout en feu se plonge le soleil !

Quand son tour le ramène,

Prompte, sans perdre haleine,

je le joins, et c'est moi qu'on salue au réveil.

Qui suis-je ? où suis-je ? où vais-je ?

N'ayant pour tout cortège

Que les oiseaux de l'air, les étoiles aux cieux ?

Je ne sais ; mais tranquille,

Aux pensers indocile,

Je m'envole au zénith, au fronton radieux !

Parfois je suis contrainte ;

Mais c'est la molle étreinte

De l'amour qui me berce en ses vives ardeurs !

J'en connais tous les charmes ;

J'en ignore les larmes,

Et toujours en riant, je vais de fleurs en fleurs

Vive, alerte et folâtre

De l'air pur idolâtre

Je vole avec Iris aux couleurs sans pareil ;

Souvent je me dérobe

Dans les plis de sa robe

Faite d'un clair tissu des rayons du soleil.

Souvent dans mon courage,

Je rencontre au passage

Une âme qui s'envole au céleste séjour ;

Je ne puis, bonne et tendre,

Lorsqu'elle peut m'entendre,

Ne pas lui souhaiter vers moi le gai retour !

Des échos la tristesse

M'apprend que l'allégresse

Ne règne pas toujours aux choses d'ici-bas,

Et que parfois la guerre

Va remuer la terre.

La faim, le froid, la soif ! qu'on ne m'en parle pas !

Si jadis quelque chose

Me venait ; de la rose

C'était le doux parfum que le vent m'apportait !

Je croyais, pauvre folle,

La rose, le symbole

Du bonheur que la terre à mes yeux présentait !

La terre par l'espace

Dans l'ordre qu'elle trace

Traîne trop de malheurs et de peine en son vol ;

Le bruit souvent l'atteste,

Son spectacle est funeste,

Et certes ne vaut pas un détour de mon col !

Pourquoi m'occuper d'elle,

Je suis jeune, et suis belle ;

Mes lèvres sont de rose, et mes yeux sont d'azur :

A mes traits si limpides

L'honneur mettrait des rides ;

La terre ternirait l'éclat de mon ciel pur !

Parfois vive et folette,

Poursuivant la comète,

Dans l'espace inconnu nous prenons notre essor !

A mon front je mesure

Sa blonde chevelure

Qui traîne dans les airs un ardent sillon d'or !

Lorsque je me promène,

Pour qu'elle m'entretienne,

Pourquoi pas de compagne aux mots doux et vermeils ?

Quoi ! n'en aurais-je aucune ?

Ah ! pardon, j'ai la lune,

L'étoile, la planète, et mes mille soleils !

J'ai quelquefois des anges,

Car leurs saintes phalanges,

Je les suis en priant ; plus prompte que l'éclair ;

Sans leur porter envie,

Je préfère ma vie :

Rien n'est si doux aux sens que de nager dans l'air.

Si le sommeil me gagne,

Ma couche m'accompagne,

Couverte d'un manteau brodé de bleus saphirs ;

Dans les flots de lumière,

Je ferme ma paupière,

Laissant flotter ma robe entrouverte aux zéphirs.

# LE GÉNIE

## Jules VERNE

# Poésie et Poème

Sonnet

Comme un pur stalactite, oeuvre de la nature,

Le génie incompris apparaît à nos yeux.

Il est là, dans l'endroit où l'ont placé les Cieux,

Et d'eux seuls, il reçoit sa vie et sa structure.

Jamais la main de l'homme assez audacieuse

Ne le pourra créer, car son essence est pure,

Et le Dieu tout-puissant le fit à sa figure ;

Le mortel pauvre et laid, pourrait-il faire mieux ?

Il ne se taille pas, ce diamant byzarre,

Et de quelques couleurs dont l'azur le chamarre,

Qu'il reste tel qu'il est, que le fit l'éternel !

Si l'on veut corriger le brillant stalactite,

Ce n'est plus aussitôt qu'un caillou sans mérite,

Qui ne réfléchit plus les étoiles du ciel.